Hachette-BnF s'enrichit d'une nouvelle gamme d'ouvrages en couleurs, fac-similés d'éditions originales publiées jusqu'au début du XXe siècle, sélectionnées parmi des pièces remarquables et rares conservées à la Bibliothèque nationale de France.

Imprimés à la demande, ces ouvrages sont ainsi des reproductions fidèles d'éditions d'œuvres richement illustrées de gravures, peintures ou dessins réalisés par de grands artistes. Les œuvres de cette collection ont été numérisées par la BnF et sont consultables en version numérique sur Gallica.

Pour découvrir tous les titres du catalogue, rendez-vous sur www.hachettebnf.fr

LE PATER

EXEMPLAIRE OFFERT

A

B. N.

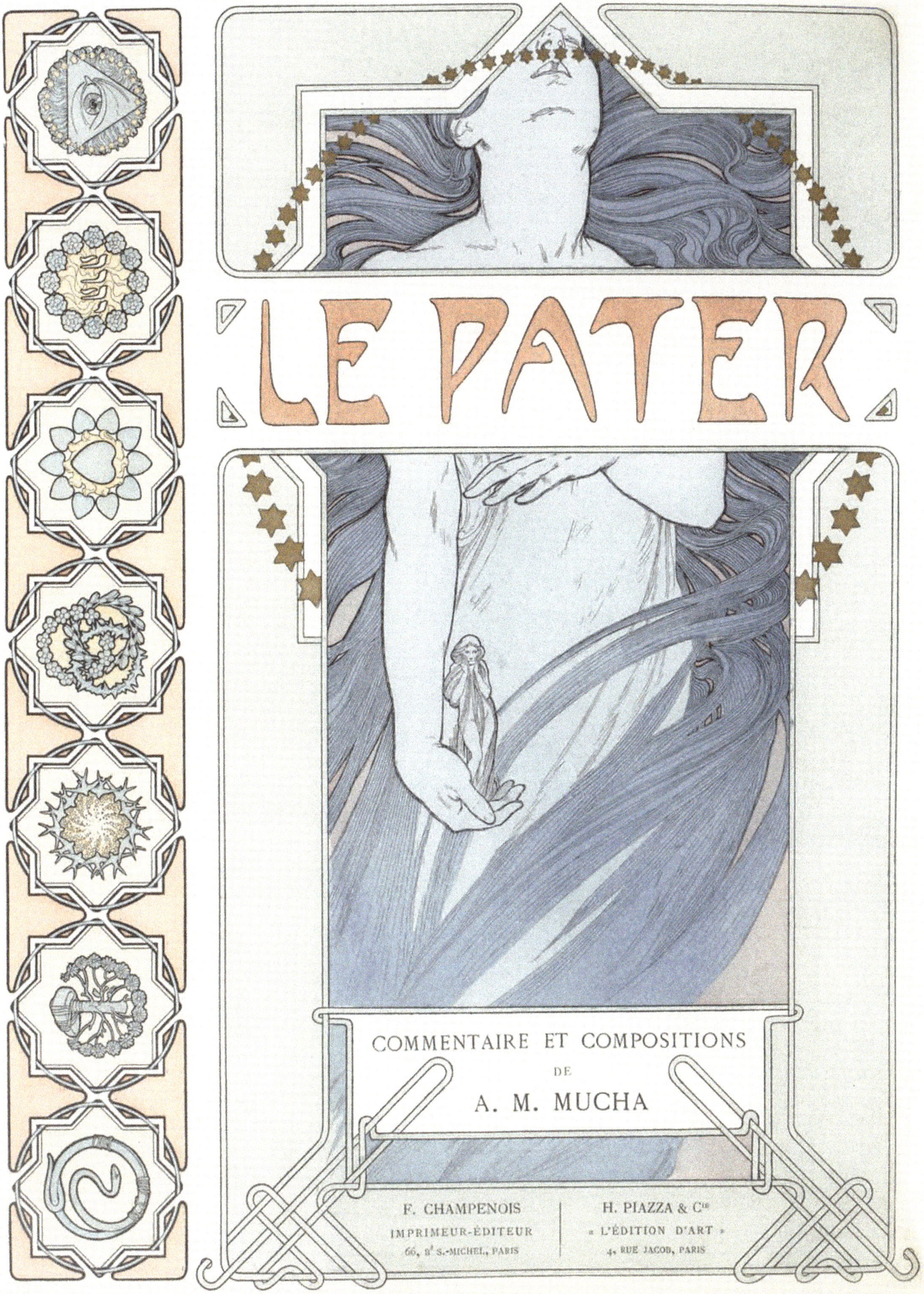
LE PATER
COMMENTAIRE ET COMPOSITIONS
DE
A. M. MUCHA
F. CHAMPENOIS
IMPRIMEUR-ÉDITEUR
66, Bd S.-MICHEL, PARIS
H. PIAZZA & Cie
« L'ÉDITION D'ART »
4, RUE JACOB, PARIS

A MON EXCELLENT AMI

HENRI PIAZZA

BIEN AFFECTUEUSEMENT JE DÉDIE « LE PATER »

A.-M. MUCHA

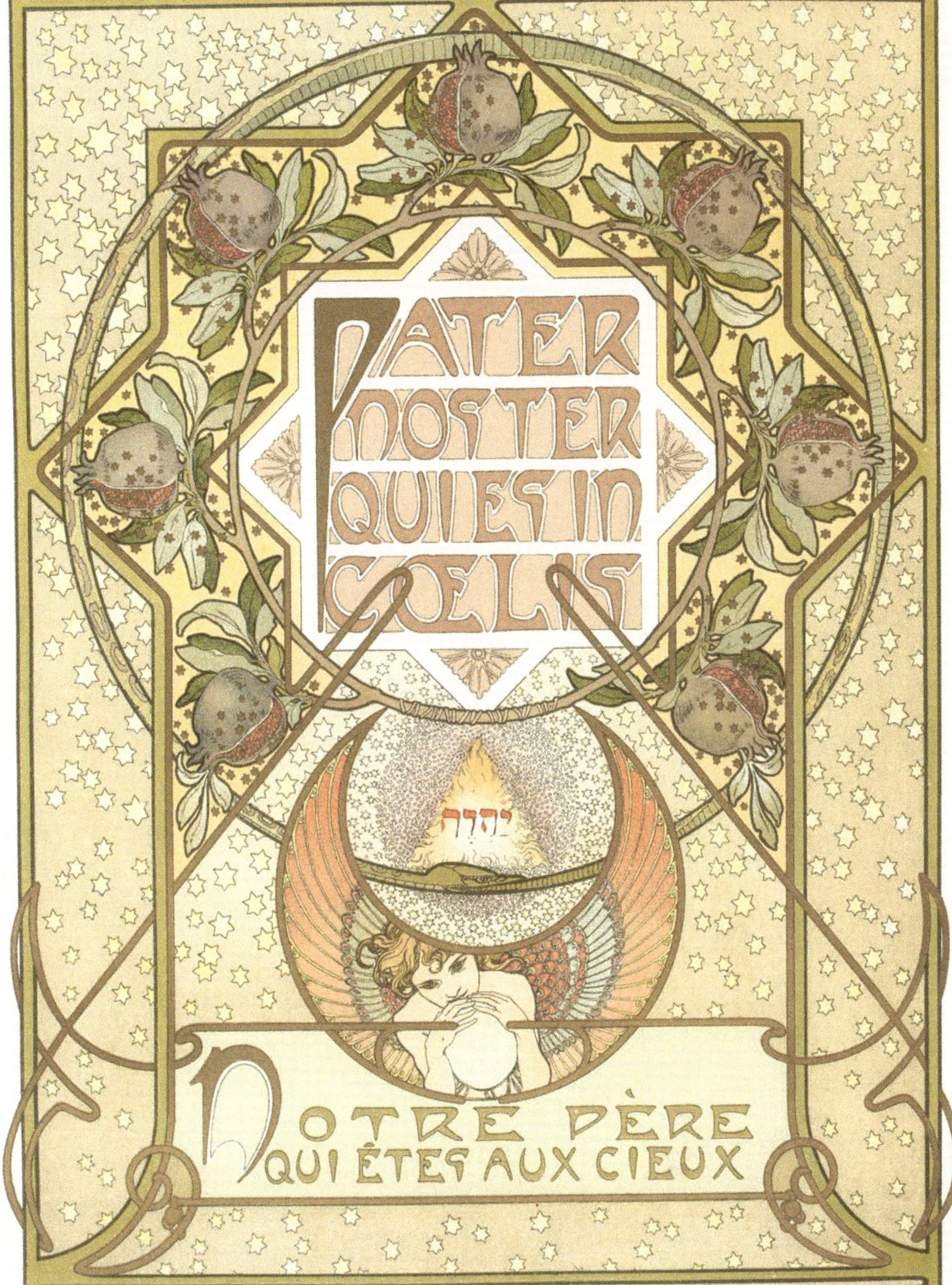
PATER NOSTER QUI ES IN COELIS
יהוה
NOTRE PÈRE QUI ÊTES AUX CIEUX

Au sein de la matière dormante l'homme s'éveille peu à peu, et, péniblement, parvient à se reconnaître. Pour atteindre là haut, vers l'Idéal, il faut que son âme s'oriente, se dégage, quitte la région des ténèbres où le retient son corps.

L'homme de bonne volonte avance lentement vers cette lueur qu'il aperçoit au loin, et, avec lui, monte la cohue des êtres, ses semblables. Il sait que tous ceux-là sont ses frères, fils d'une même famille, destinés au même avenir, et, dans un élan de filial amour, il nomme cette Lumière qui les regarde tous : « Notre Père qui êtes aux cieux. »

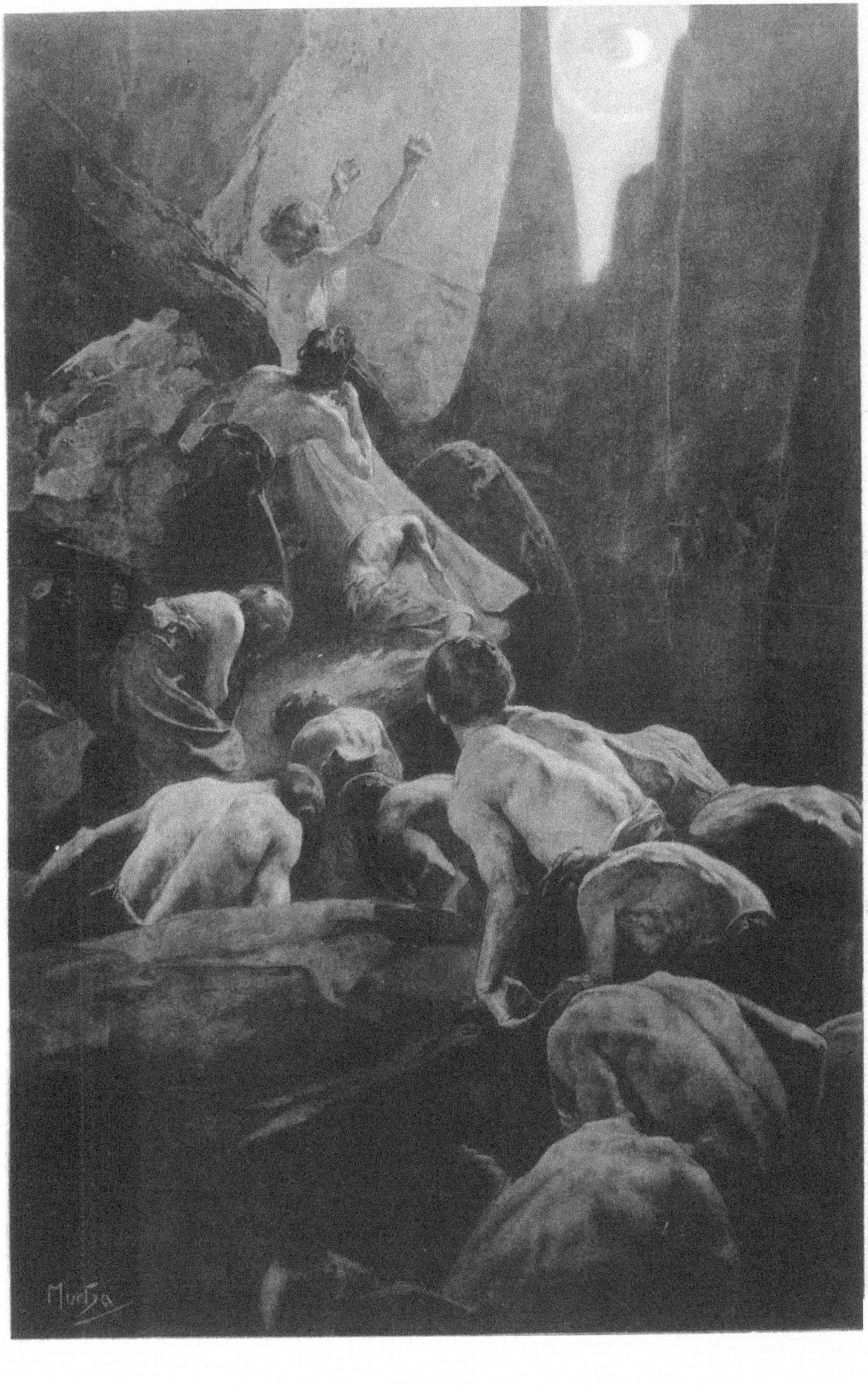

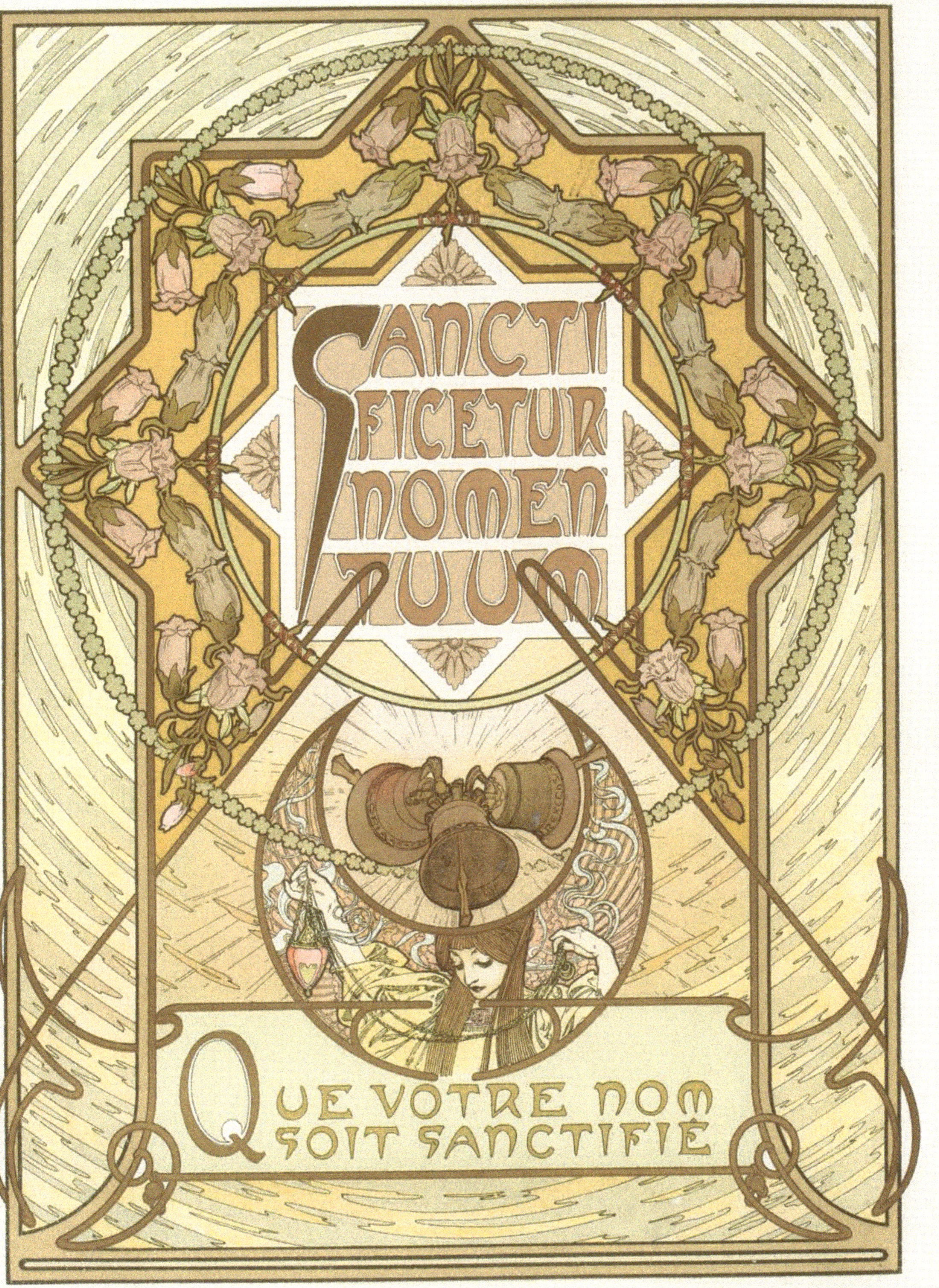
SANCTI
FICETUR
NOMEN
TUUM
QUE VOTRE NOM
SOIT SANCTIFIÉ

Sorti du gouffre de la terre, et arrivé en face de cette Lumière qui est la Divinité, l'homme veut offrir à Dieu le meilleur de ce qu'il possède; et il fait monter avec la fumée du sacrifice qu'il Lui adresse, ses sentiments d'adoration et de glorification.

Toutes les multitudes prosternées ajoutent au feu matériel qui monte, la flamme intérieure qui se dégage de leurs cœurs inconscients.

Ce premier pas vers l'éveil de la lucidité, la Divinité le contemple dans le recueillement d'une compassion bienveillante.

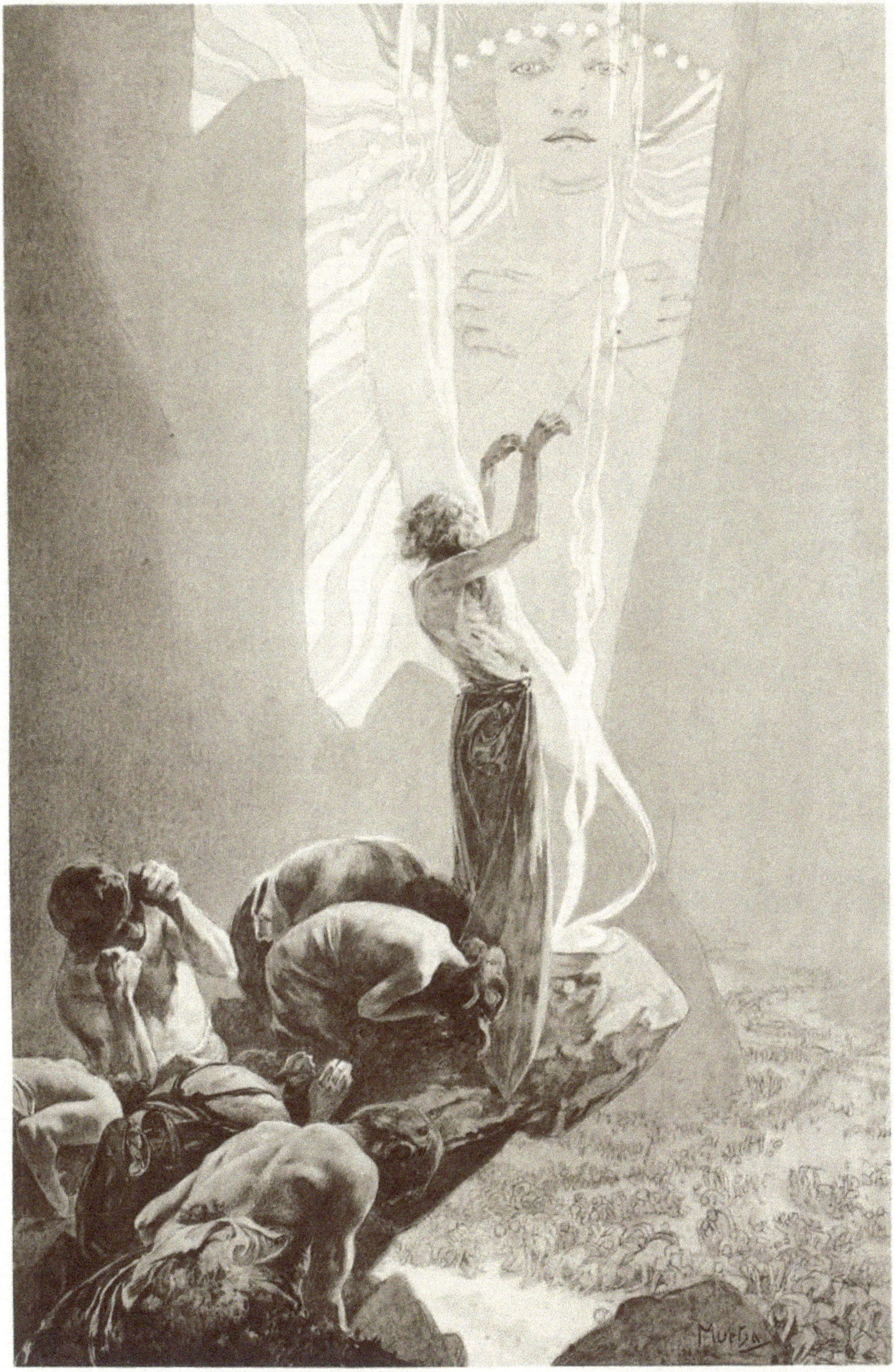
Mucha

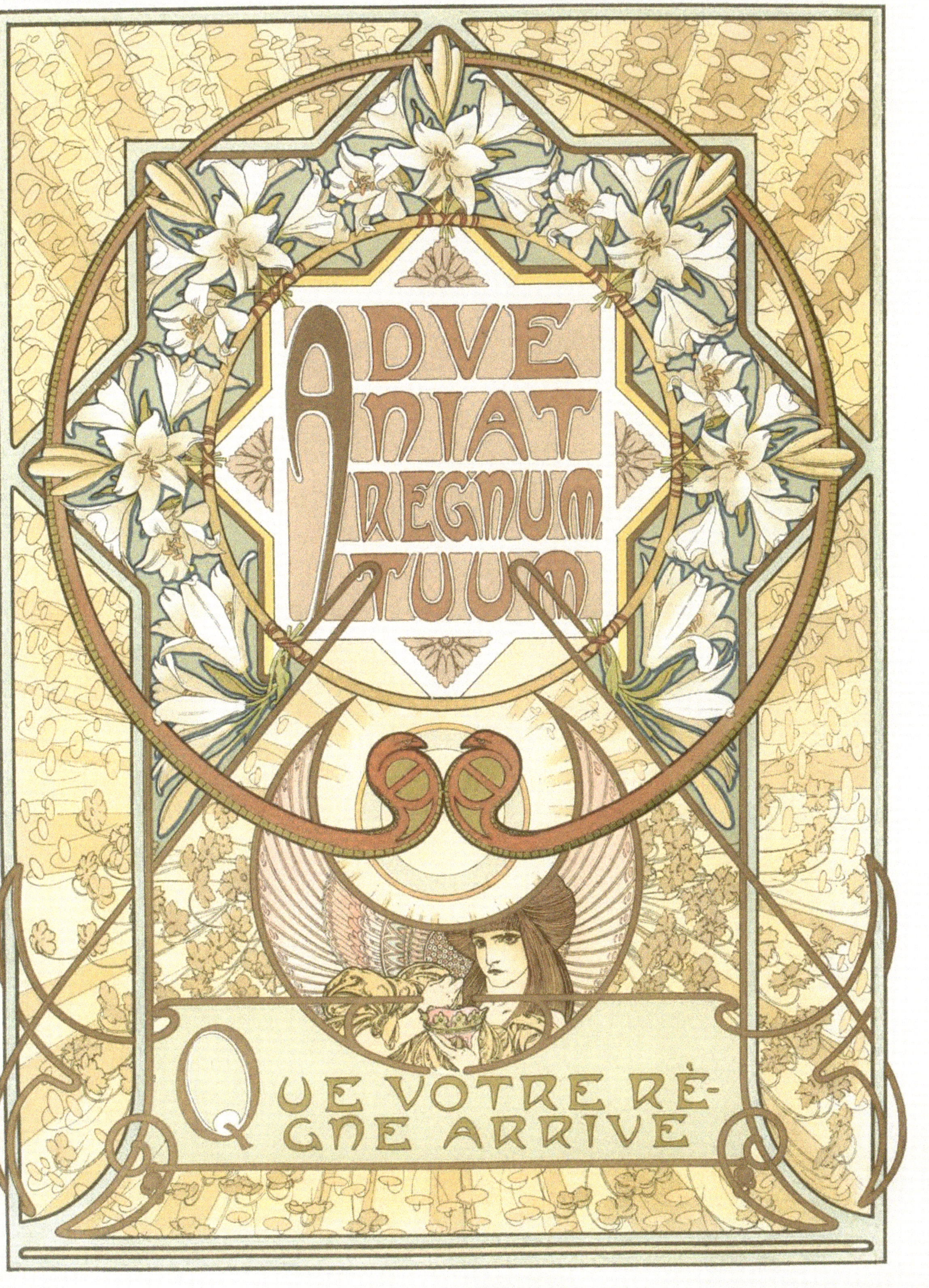
ADVENIAT REGNUM TUUM
QUE VOTRE RÈ-
GNE ARRIVE

De la Divinité émue par cet effort constant qui monte vers elle, descend un premier rayon de vérité qui vient éclairer le gouffre où se débattaient les hommes.

Etonnés d'abord de cette lumière qui pénètre leurs âmes jusqu'alors plongées dans les ténèbres de la matière, ils se rapprochent, poussés par une sainte curiosité et se sentent dominés par une Force inconnue qui règne désormais sur eux : L'Amour.

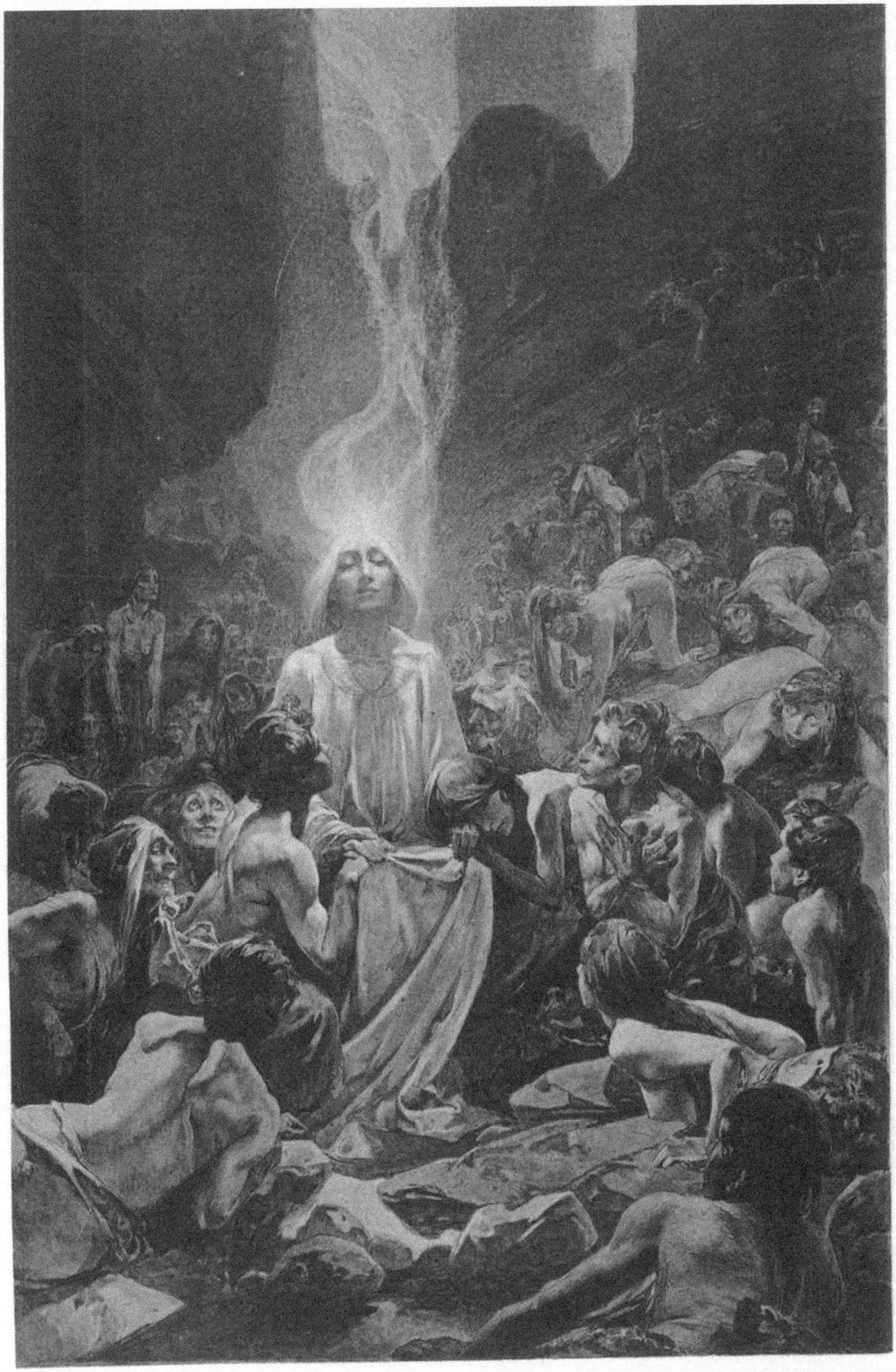

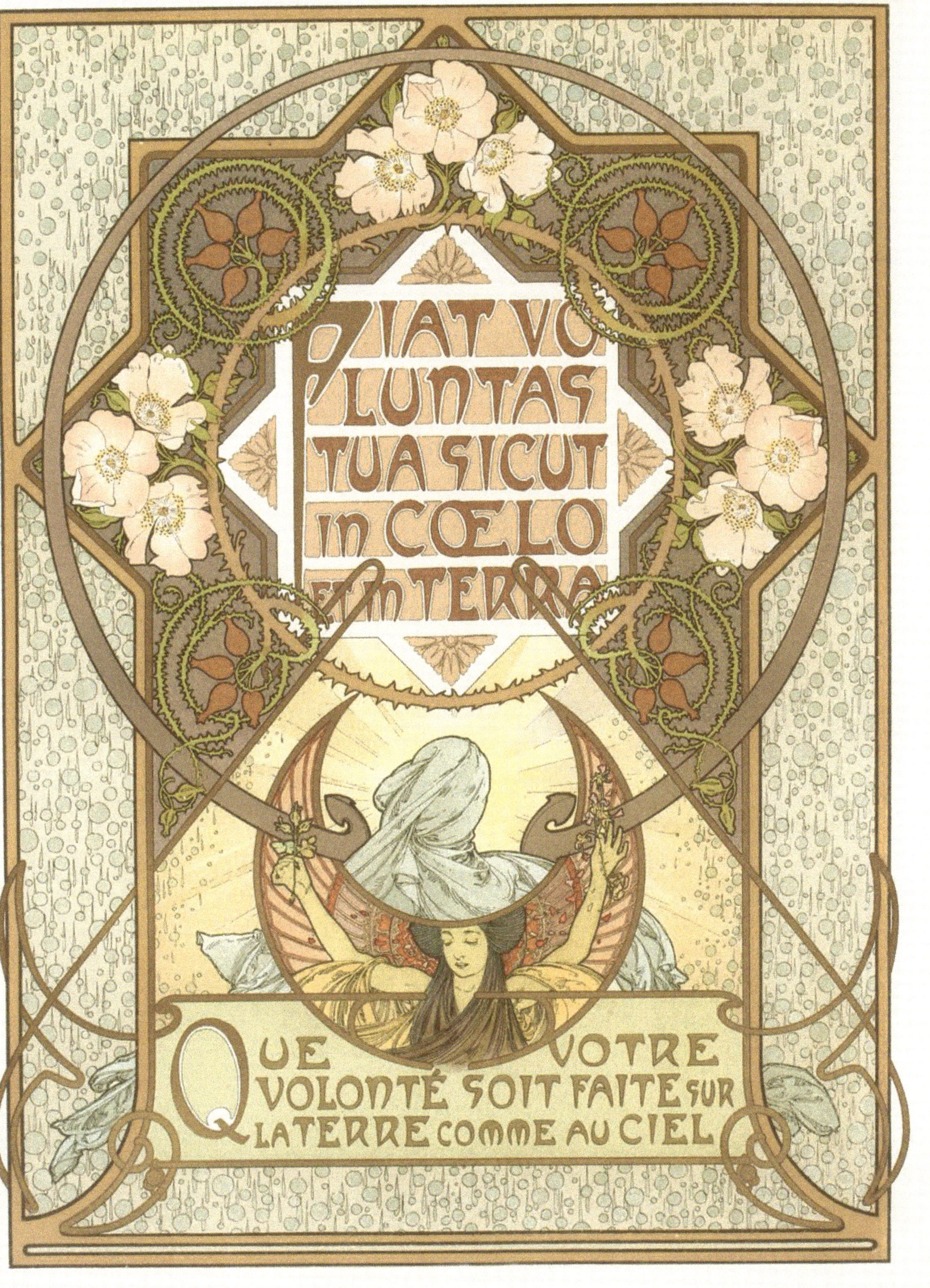
FIAT VOLUNTAS TUA SICUT IN CŒLO ET IN TERRA
QUE VOTRE VOLONTÉ SOIT FAITE SUR LA TERRE COMME AU CIEL

Connaissant maintenant son Père Divin et l'amour qui l'unit à lui, l'homme apprend à avoir confiance dans la Puissance bienveillante qui régit son Destin.

En un complet abandon de lui même il accepte de Dieu le bien et le mal avec une égale résignation, sachant d'avance que tous les événements de sa vie sont réglés par la sagesse d'une Volonté supérieure.

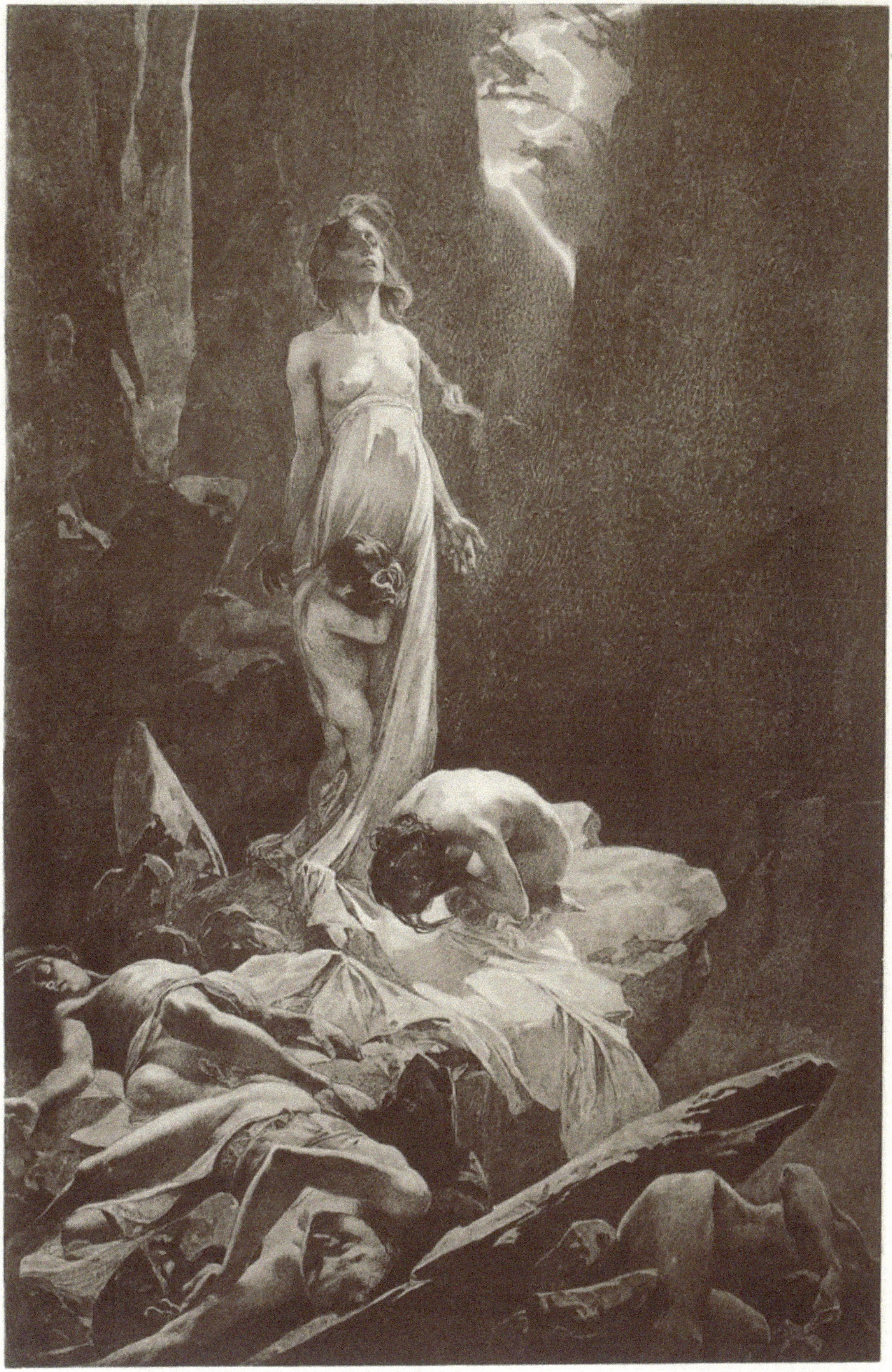

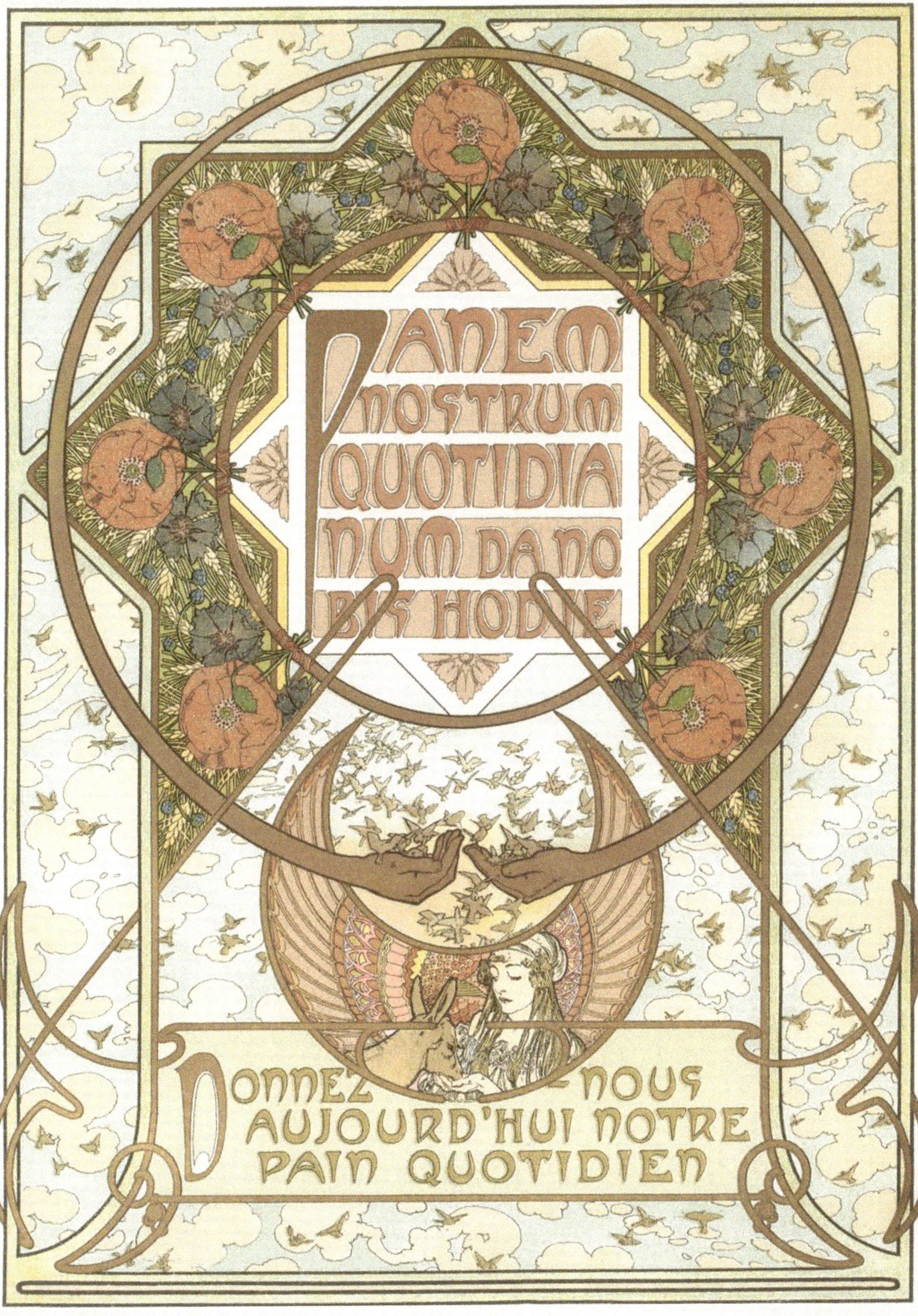
PANEM
NOSTRUM
QUOTIDIA
NUM DA NO
BIS HODIE
DONNEZ
-NOUS
AUJOURD'HUI NOTRE
PAIN QUOTIDIEN

Il admire cette sagesse de la Providence qui pourvoit, chaque jour, à tous les besoins des êtres qui vivent autour de lui. Il voit que, des mamelles de la terre, sortent des fleuves de lait aux quels s'abreuve la soif de l'homme, tandis que la Bonté Divine lui donne le pain spirituel de l'Amour qui vient rassasier la faim de son âme.

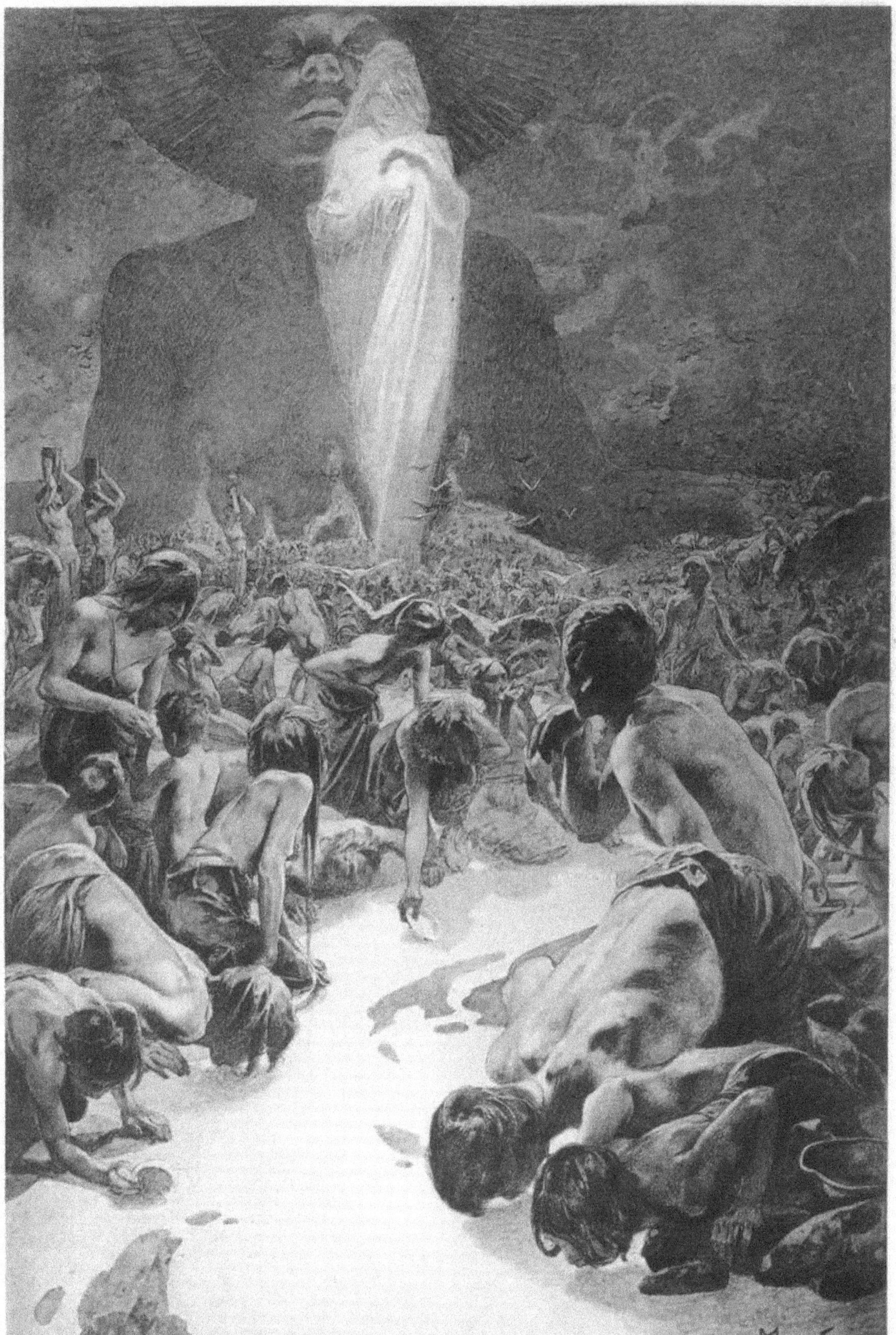
Mucha

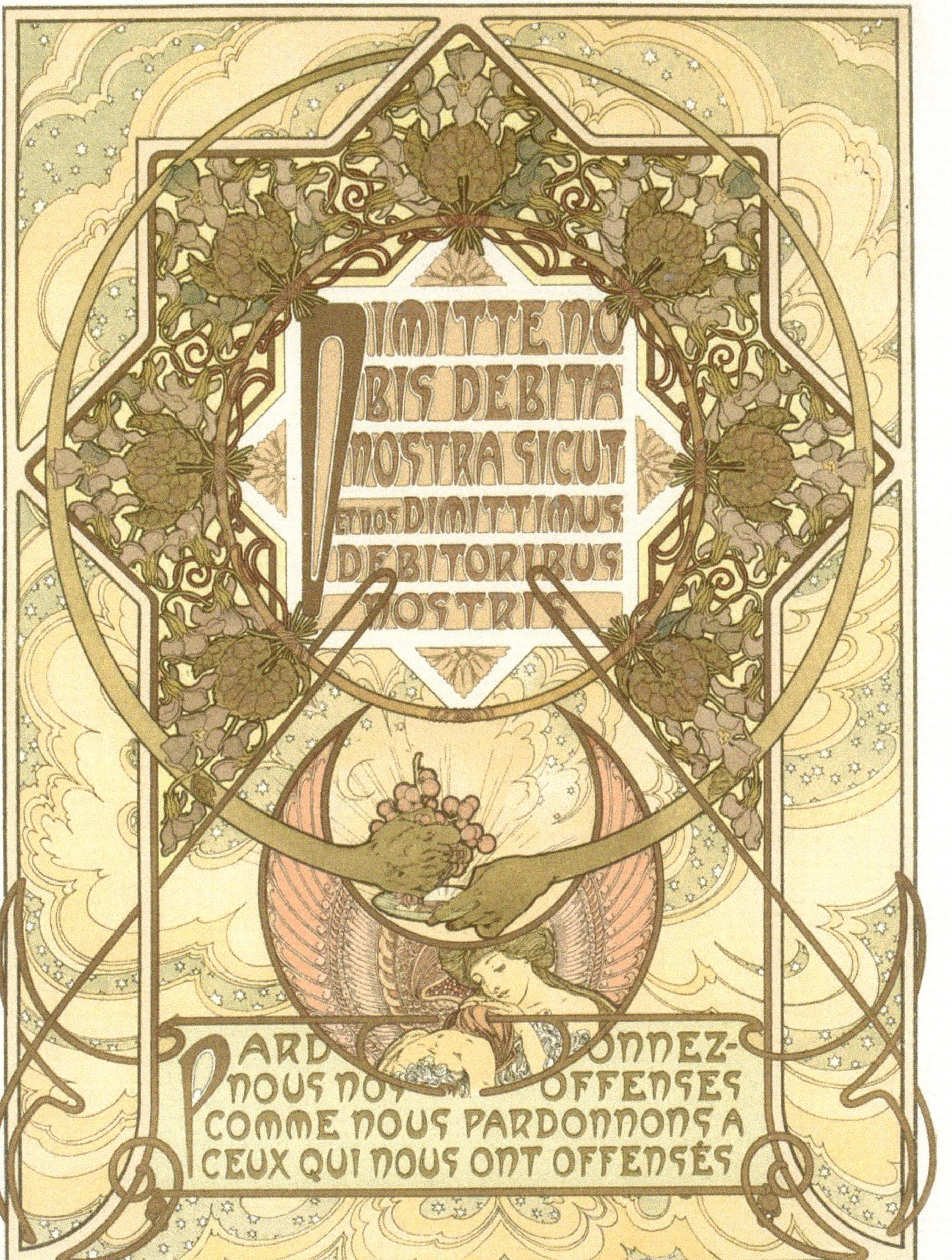
DIMITTE NO
BIS DEBITA
NOSTRA SICUT
ET NOS DIMITTIMUS
DEBITORIBUS
NOSTRIS
PARD ONNEZ-
NOUS NOS OFFENSES
COMME NOUS PARDONNONS A
CEUX QUI NOUS ONT OFFENSÉS

Possédant les aliments de sa vie matérielle et spirituelle, l'homme tourne alors sa Conscience vers ses semblables et doit apprendre à reporter sur son prochain l'Amour intérieur qui l'anime.

Maitrisant la force malfaisante de ses instincts primitifs, par la Volonté de son Educateur éternel, il doit comprendre aussi et suivre la grande loi du Pardon.

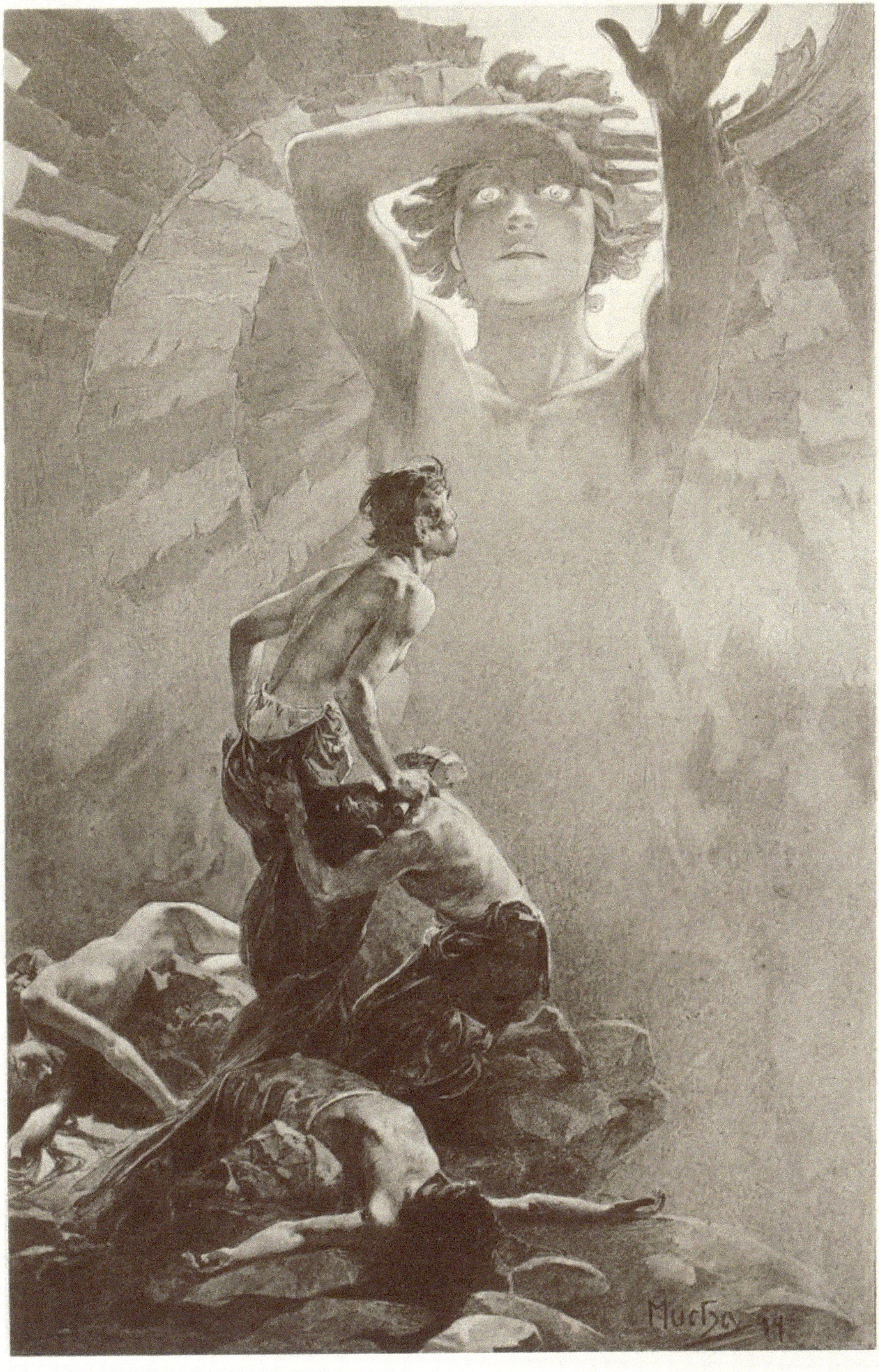
Mucha 94

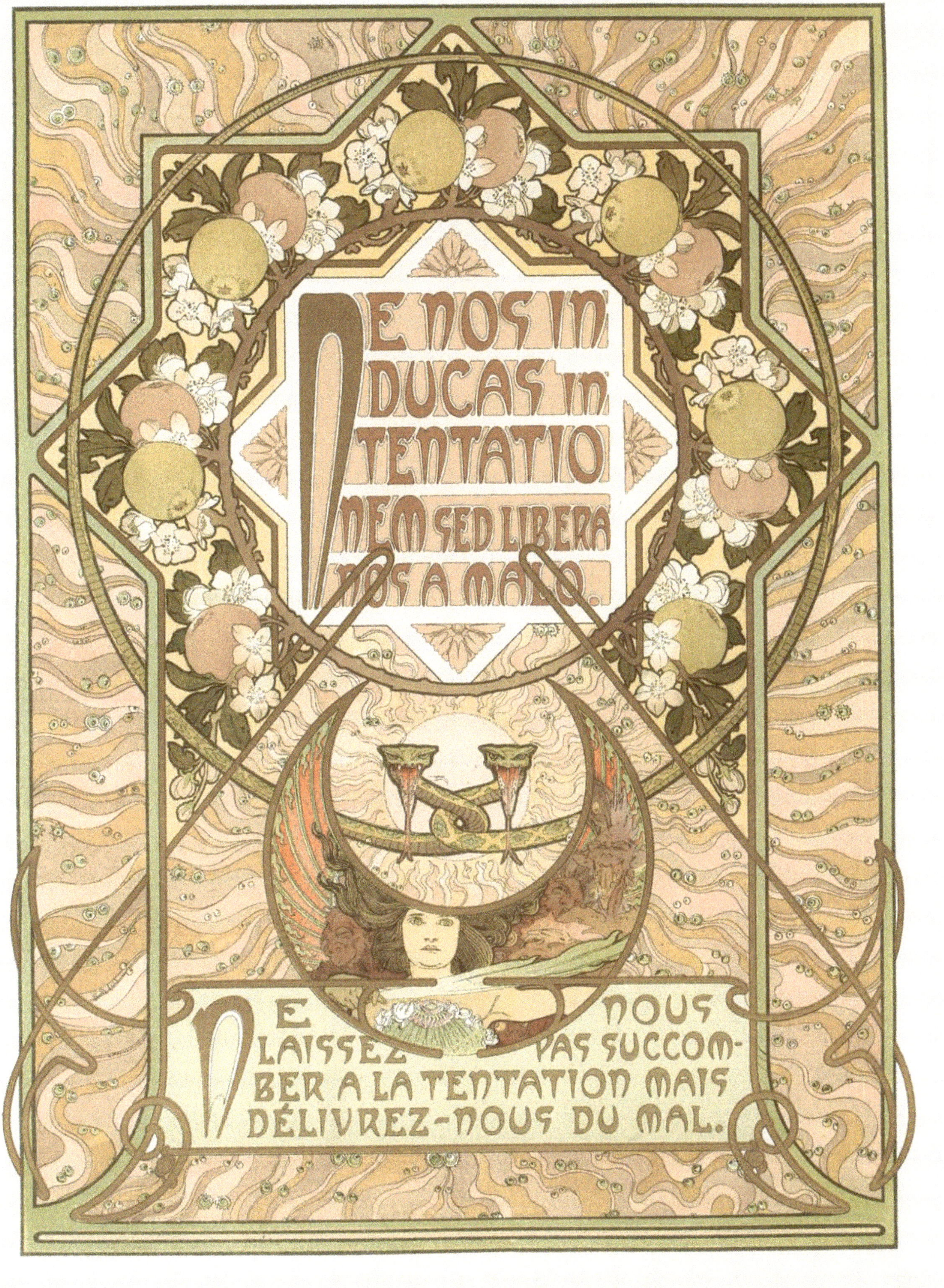
NE NOS INDUCAS IN TENTATIONEM SED LIBERA NOS A MALO.
NE NOUS LAISSEZ PAS SUCCOMBER A LA TENTATION MAIS DÉLIVREZ-NOUS DU MAL.

En conscience absolue de lui-même, maintenant l'homme s'avance, dans le rayon de clarté entrevue, vers l'Idéal, Foyer lumineux qui l'attire.

Sa volonté, aidée et dirigée par la sollicitude de son Guide Divin, traverse les embûches des démons malfaisants; et il arrive enfin, purifié de la matière, et libre, face à face avec l'Etre Suprême qui l'a éveillé à la vie.

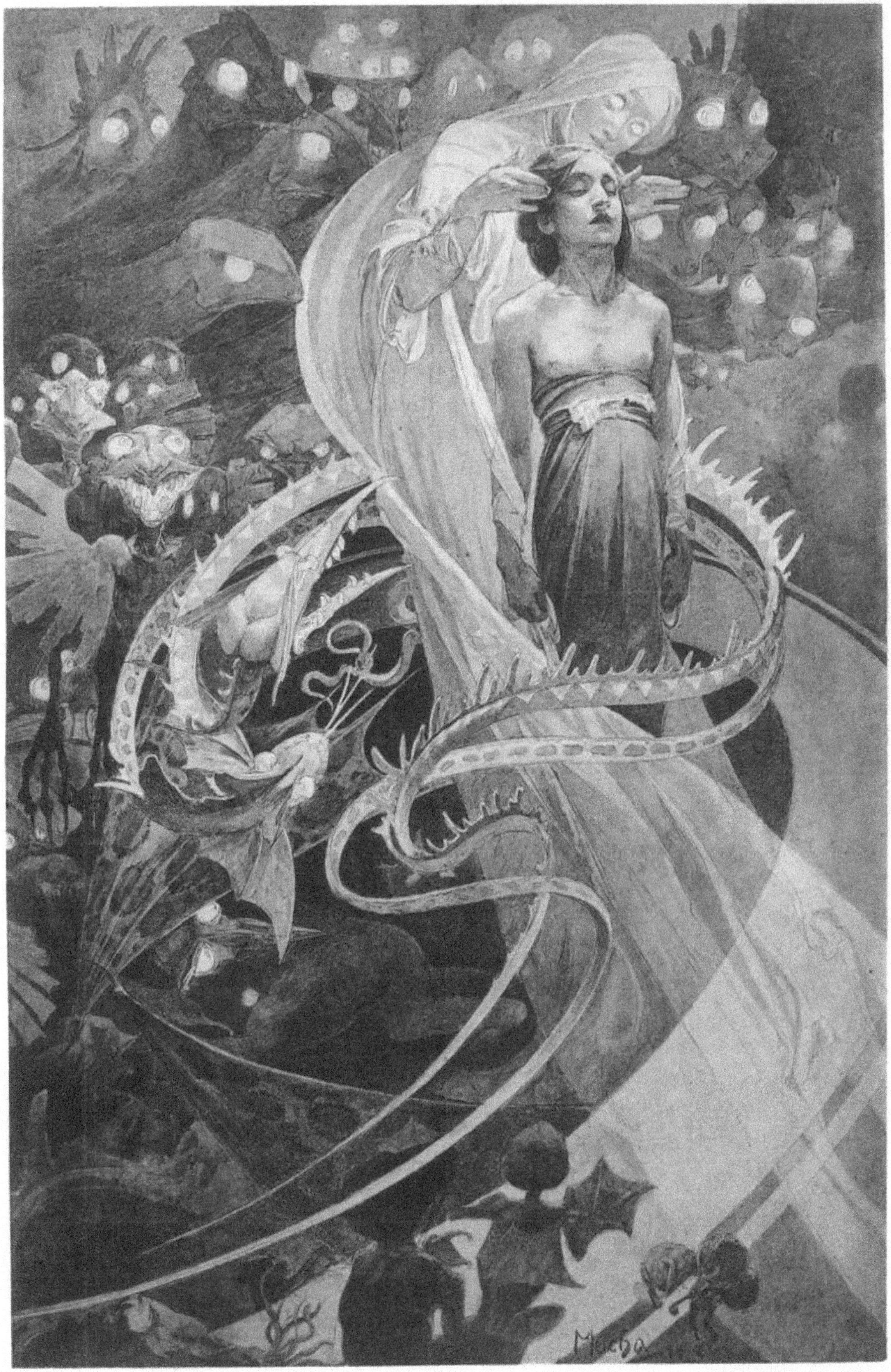
Mucha

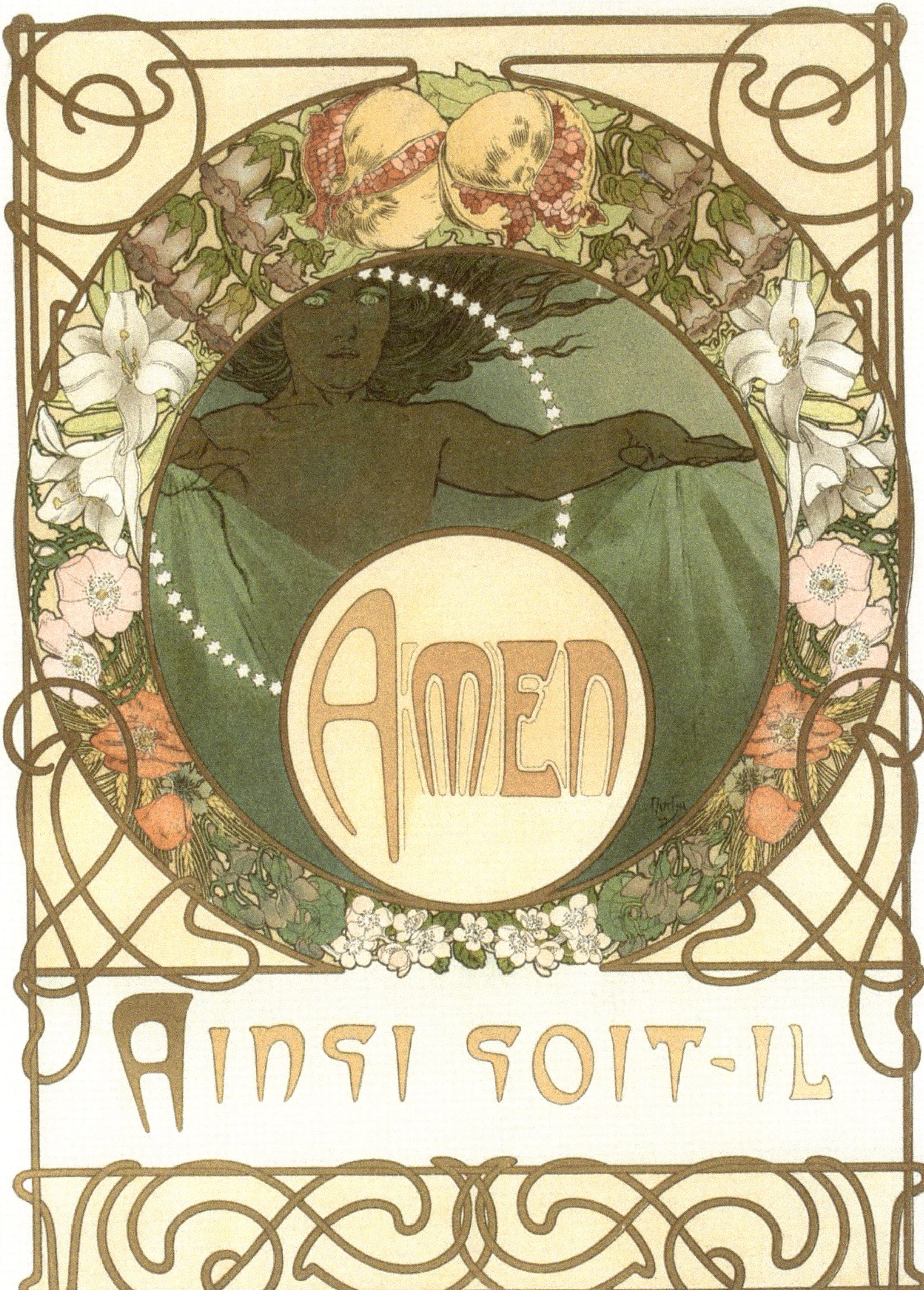
AMEN
AINSI SOIT-IL

Il a été tiré de cet ouvrage :

10 exemplaires (numérotés de 1 à 10) sur japon, contenant une aquarelle originale de A. Mucha, une suite en couleurs sur japon, et une suite en noir sur chine.

50 exemplaires (11 à 60), sur japon, avec une suite en couleurs sur papier spécial à la forme du Marais et une suite en noir sur chine.

50 exemplaires (61 à 110) sur japon, avec une suite en couleurs sur papier spécial à la forme du Marais.

400 exemplaires (111 à 510) sur papier à la forme, fabriqué par les manufactures du Marais.

ACHEVÉ D'IMPRIMER

A PARIS

LE 20 DÉCEMBRE 1899

Achevé d'imprimer en Angleterre
par Lightning Source UK

www.ingramcontent.com/pod-product-compliance
Ingram Content Group UK Ltd.
Pitfield, Milton Keynes, MK11 3LW, UK
UKHW062009290726
14090UKWH00022B/1478

9 782012 004542